BEI GRIN MACHT SICH IHR WISSEN BEZAHLT

- Wir veröffentlichen Ihre Hausarbeit, Bachelor- und Masterarbeit

- Ihr eigenes eBook und Buch - weltweit in allen wichtigen Shops

- Verdienen Sie an jedem Verkauf

Jetzt bei www.GRIN.com hochladen und kostenlos publizieren

Bibliografische Information der Deutschen Nationalbibliothek:

Die Deutsche Bibliothek verzeichnet diese Publikation in der Deutschen Nationalbibliografie; detaillierte bibliografische Daten sind im Internet über http://dnb.d-nb.de/ abrufbar.

Dieses Werk sowie alle darin enthaltenen einzelnen Beiträge und Abbildungen sind urheberrechtlich geschützt. Jede Verwertung, die nicht ausdrücklich vom Urheberrechtsschutz zugelassen ist, bedarf der vorherigen Zustimmung des Verlages. Das gilt insbesondere für Vervielfältigungen, Bearbeitungen, Übersetzungen, Mikroverfilmungen, Auswertungen durch Datenbanken und für die Einspeicherung und Verarbeitung in elektronische Systeme. Alle Rechte, auch die des auszugsweisen Nachdrucks, der fotomechanischen Wiedergabe (einschließlich Mikrokopie) sowie der Auswertung durch Datenbanken oder ähnliche Einrichtungen, vorbehalten.

Impressum:

Copyright © 2016 GRIN Verlag
Druck und Bindung: Books on Demand GmbH, Norderstedt Germany
ISBN: 9783668800687

Dieses Buch bei GRIN:

https://www.grin.com/document/441300

Mehmet Kaplan

Motorische Fähigkeiten im Kursbereich. Planung eines Gruppentrainings für Wirbelsäulengymnastik

Eine Kursplananalyse

GRIN Verlag

GRIN - Your knowledge has value

Der GRIN Verlag publiziert seit 1998 wissenschaftliche Arbeiten von Studenten, Hochschullehrern und anderen Akademikern als eBook und gedrucktes Buch. Die Verlagswebsite www.grin.com ist die ideale Plattform zur Veröffentlichung von Hausarbeiten, Abschlussarbeiten, wissenschaftlichen Aufsätzen, Dissertationen und Fachbüchern.

Besuchen Sie uns im Internet:

http://www.grin.com/

http://www.facebook.com/grincom

http://www.twitter.com/grin_com

Deutsche Hochschule für
Prävention und Gesundheitsmanagement
Hermann Neuberger Sportschule 3
66123 Saarbrücken

Einsendeaufgabe

Fachmodul:	Gruppentraining 1
Studiengang:	Fitnessökonomie
Datum Präsenzphase:	12.12.2016 bis 15.12.2016
Name, Vorname:	Kaplan, Mehmet
Studienort:	**Stuttgart**
Semester:	**Sommersemester 2016**

Inhaltsverzeichnis

1 MOTORISCHE FÄHIGKEITEN IM KURSBEREICH 3
 1.1 Kraft 3
 1.2 Ausdauer 3
 1.3 Beweglichkeit 3
 1.4 Koordination 4
2 EXTERNE BEDINGUNGEN EINER KURSEINHEIT 4
3 KURSPLANANALYSE 6
4 PLANUNG EINER WIRBELSÄULENGYMNASTIK 8
 4.1 Zielgruppe 8
 4.2 Material 8
 4.3 Stundenplanung 8
 4.4 Begründung 14
5 LITERATURVERZEICHNIS 14
6 ABBILDUNGS- UND TABELLENVERZEICHNIS 14
 6.1 Abbildungsverzeichnis 14
 6.2 Tabellenverzeichnis 14

1 Motorische Fähigkeiten im Kursbereich

1.1 Kraft

Definition: Muskelleistungen, deren Werte der Krafteinsätze über 30 Prozent der jeweils individuellen möglichen Maxima liegen, nennt man Kraftfähigkeit.

Die Kraft hat folgende Erscheinungsformen: Die Maximalkraft, die Schnellkraft und die Kraftausdauer.

Bei Übungen wie z.B. Crunches und Kniebeugen mit jeweils 16 Wiederholungen und 2 Sätzen pro Übung, handelt es sich um Kraftausdauertraining.

1.2 Ausdauer

Definition: Eine bestimmte Belastung über eine möglichst lange Zeit aufrechterhalten zu können, ohne vorzeitig physisch und psychisch zu ermüden, und sich so schnell wie möglich wieder zu regenerieren, beschreibt die Ausdauerfähigkeit.

Die Ausdauer wird in die aerobe und anaerobe Ausdauer untergliedert.

Bei Übungen wie z.B. Joggingeinheiten und Crosseinheiten mit jeweils einer Dauer von 60 Minuten pro Übung, handelt es sich um aerobes Ausdauertraining.

1.3 Beweglichkeit

Definition: Bewegungen mit der geeigneten Schwingungsweite der beteiligten Gelenke, gezielt und willkürlich ausführen zu können, beschreibt die Beweglichkeit.

Tab. 1 Einflussfaktoren auf die Beweglichkeit

Einflussfaktoren auf die Beweglichkeit:

1. **Anthropometrische Einflussfaktoren:**	Gelenkigkeit, Kraftfähigkeit, Dehnfähigkeit
2. **Personenspezifische Einflussfaktoren:**	Alter, Psyche, Geschlecht, Gelenkabnutzung
3. **Äußere Einflussfaktoren:**	Temperatur, Tageszeit, Ermüdungsgrad der Muskulatur

Bei Dehnübungen wie z.b. bei der großen Brustmuskulatur durch Antagonistenkontraktion, wird aktives Dehnen ausgeübt. Bei einer haltenden Dehnung der großen Brustmuskulatur, bei der es während der Dehnung keinerlei Bewegung gibt, wird statisches Dehnen praktiziert.

1.4 Koordination

Definition: Das Zusammenwirken von Skelettmuskulatur und Zentralnervensystem innerhalb einer bestimmten Bewegung, bezeichnet man als Koordination.

Tab. 2 Inter- und Intramuskuläre Koordination

Intermuskuläre Koordination:	Intramuskuläre Koordination:
Zusammenspiel von verschiedenen beteiligten Muskeln bei einer Bewegung	Zusammenspiel von Muskelfasern und Nerv innerhalb eines Muskels bei einer Bewegung

Bei Übungen für die intermuskuläre Koordination, wie z.b. bei Bankdrücken, sind mehrere bzw. folgende Muskeln beteiligt; (M. pectoralis major, M. pectoralis minor, M. deltoideus (vorderer Anteil), M. triceps brachii)
Bei der Durchführung von Kniebeugen sind ebenfalls mehrere Muskeln beteiligt; (M. quadriceps femoris, M. glutaeus maximus, Mm. ischiocrurales u. a.)

2 Externe Bedingungen einer Kurseinheit

Zu den Rahmenbedingungen gehören die passende Räumlichkeiten, um eine optimale Kursstunde durchzuführen. Die Raumgröße und Raumform spielen dabei eine entscheidende Rolle, denn sie sind der Teilnehmerzahl und dem Kursinhalt zu optimieren.
Die Ausstattung ist ebenfalls ein wichtiges Kriterium, welches dringend anzupassen ist, um eine effektive Kursstunde zu praktizieren. Hierbei sind zu überprüfen, ob eine passenden Musikanlage vorhanden ist, ob ausreichend Hilfsmittel und Kleingeräte, wie z.B. Matten, Thera-Bänder, Kurzhantel usw. zur Verfügung stehen.

Als nächstes sollte die Zielgruppe festgelegt werden. Die Gruppengröße ist entscheidend und sollte den Räumlichkeiten und der Anzahl der zur Verfügung stehenden Kleingeräte angepasst werden. Die Gruppengröße ist dem Ziel der Kursstunde anzupas-

sen, d.h. bei gesundheitsorientierten Kursen, wie z.B. Rücken-Kurse, sollte man die Teilnehmeranzahl limitieren, damit der Kursleiter einen besseren Überblick hat.
Um effektiv und zielorientiert zu arbeiten, ist das Leistungslevel der Kursinhalte den Teilnehmern anzupassen. Anfänger sollten nicht allzu sehr überfordert und Fortgeschrittenen nicht unterfordert werden, um die Besucheranzahl beizubehalten bzw. zu steigern.

Bei der Inhaltsplanung des Kurses ist die Zielsetzung eines der wichtigsten Kriterien. Die Ziele sind dringend der Zielgruppe anzupassen und umgekehrt ist die Zielgruppe den Zielen der Kurse festzulegen. D.h. zum Beispiel, dass es wenig sinnvoll ist für Anfänger bei einem fortgeschrittenen Aerobic-Kurs teilzunehmen.

Daher ist es sinnvoll lang- und kurzfristige Ziele der Kursstunden festzulegen. Z.B. die Verbesserung der sportmotorischen Fähigkeiten (Kraft, Ausdauer, Beweglichkeit und Koordination) (langfristige Ziele) oder das Erlernen einer neuen Übung oder Schrittfolge (kurzfristige Ziele).

3 Kursplananalyse

Tab.3 Kursplan

Montag	Dienstag	Mittwoch	Donnerstag	Freitag	Samstag	Sonntag
9:30-10:15 BBP	9:15-10:15 WSG	9:00-10:00 Yoga Basics	10:15-11:00 WSG	9:15-10:00 Drums Alive		10:30-11:30 Hot Iron
10:15-11:00 Zumba	10:15-11:00 Indoor Cycling	10:00-10:50 Indoor Cycling		10:00-10:30 BBP		11:30-12:15 Zumba
					12:30-13:00 Starker Bauch, starker Rücken	
					13:00-13:30 Jumping Fitness	
17:30-18:30 Drums Alive	18:00-18:50 Step4Fans	18:00-18:45 Zumba	18:15-19:10 Hot Iron	19:15-20:45 Indoor Cycling	**Öffnungszeiten:** Mo. Bis Fr. 8:30-23:00	
18:30-19:30 Pilates	18:50-19:15 Schöne Beine	18:45-19:45 Hot Iron	19:10-19:30 Bauch pur		Sa. Und So. 9:00-20:00 Feiertags 9:00-20:00	
19:30-20:30 Starker Bauch, starker Rücken	19:15-20:15 WSG	19:45-20:45 Indoor Cycling	19:30-20:30 Jumping Fitness			
20:30-21:15 Indoor Cycling	20:15-21:00 Zumba					

Analyse des Kursplans:

Aus organisatorischer Sicht sind die Kurszeiten auf der einen Seite gut angepasst an die Öffnungszeiten, da der Kunde genug Zeit zur Verfügung hat um sich umzuziehen bzw. um sich auf den bevorstehenden Kurs vorzubereiten. Auf der anderen Seite wäre es jedoch sinnvoll eine Pause von ca. 10-15 Minuten zwischen den Kursen einzuführen, um den nächsten Kurs vorzubereiten, um zu Lüften und zum Musikwechsel. Die Länge der einzelnen Kurse ist aus trainingswissenschaftlicher Sicht akzeptabel. Ein 30-45 Min. langes BBP Workout ist durchaus effektiv und ein Step4Fans Kurs mit einer Länge von 45-60 Min. ist ebenfalls effektiv und erforderlich um die aerobe Ausdauer zu reizen.

Wie zu erkennen finden die meisten Kurse am Abend statt, was darauf hinweisen lässt, dass am Abend die Stoßzeit ist. Ein Vorteil der vielen Kurse in den Stoßzeiten sind, dass viele Kunden auf einmal betreut werden können und die ärgerlichen Wartezeiten an den Geräten werden verhindert.

Da vormittags das Publikum hauptsächlich aus Mütter und Senioren besteht, ist die Kursauswahl am Vormittag relativ in Ordnung. Kurse wie z.b. WSG, Yoga Basics oder ein BBP Workout bieten sich in dem Fall ziemlich gut an, wobei ein Yoga Kurs für Fortgeschrittene sich ebenfalls im Kursplan gut anbieten würde, damit sich die fortgeschrittenen Kunden im Yoga Basics nicht unterfordert fühlen. Andere Kurse wie z.b. Zumba oder Indoor Cycling sollte der Trainer vom Niveau her gut an die Kundschaft anpassen, da nicht jeder Kunde dieselbe Ausdauer besitzt. Es wäre sinnvoll die Kurse in verschiedenen Leistungsstufen zu unterteilen. Ideal wäre eine Unterteilung in Anfänger, Mittelstufe und Fortgeschrittene, um die Kurse erfolgreich zu absolvieren und die Kundenbindung zu stärken.

Aus wirtschaftlicher Sicht scheint der Kursplan gelungen, da ein breites Angebot zur Verfügung steht. Es sind gesundheitsorientierte Kurse (WSG, starker Bauch, starker Rücken und Yoga Basics), viele ausdauerorientierte Kurse (z.B. Zumba, Indoor Cycling, Step4Fans etc.) und kraftorientierte Kurse (Hot Iron, BBP und Pilates) vorhanden. Auffällig ist jedoch, dass der Kursplan nur einen einzigen Entspannungskurs beinhaltet. Es wäre zu empfehlen einige Entspannungskurse, wie z.B. Tai-Chi, Stretching u. ä. in den Kursplan einzubauen, um den Bereich „Entspannung" ebenfalls abzudecken.

Ein weiterer wichtiger Punkt ist die Auslastung des Kursraumes. Der Kursplan deckt zwar den Vormittag und den Abend ab, jedoch ist der Nachmittag so gut wie leer. Ein Kursraum verursacht dadurch nur unnötige Kosten. Das könnte durch Kooperationen durch Vermietung (Tanzschulen, Kampfsportgruppen, etc.), Vorträge und Seminare zu gesundheits- und fitnessspezifischen Themen und sonstige Veranstaltungen vermieden werden und somit zu einem weiteren Gewinn bzw. Erfolg führen.

4 Planung einer Wirbelsäulengymnastik

4.1 Zielgruppe

Tab.4 Zielgruppe

Gruppengröße:	Max. 10 Personen
Geschlecht:	Gemischt, männlich und weiblich
Alter:	Ab 50 Jahren
Leistungslevel:	Mittelstufe

4.2 Material

Tab.5 Material

Material:
Gymnastikmatten

4.3 Stundenplanung

Tab. 6 Stundenplanung einer 45-minütigen Wirbelsäulengymnastik

Einleitung: Ca. 10 Minuten				
Begrüßung: Ca. 2 Minuten (sich vorstellen, Überblick über den Verlauf des Kurses geben, motivieren, etc.)				
Allgemeines Warm-up: Ca. 4 Minuten				
Ziel der Übung	Übungsbezeichnungs/ Name der Übung	Übungsbeschreibung	Belastungsgefüge	Bemerkungen/Hinweise
Körperwahrnehmumg, Erhöhung der Körpertemperatur	March	Es wird ganz natürlich auf der Stelle gegangen	45 Sekunden	Der Oberkörper ist aufgerichtet, der Blick nach vorne, die Schultern sind tief
Erhöhung der Körpertemperatur	V-Step	Schritte vor und zurück in einer V-Form	45 Sekunden	Die Knie bleiben hinter den Zehenspitzen und

Ziel der Übung	Übungsbezeichnungs/ Name der Übung	Übungsbeschreibung	Belastungsgefüge	Bemerkungen/Hinweise
Aufwärmung der Schulter, Verbesserung der aufgerichteten Haltung	March mit Schulterkreisen nach vorne und nach hinten	March (Siehe oben) und dabei mit den Armen zuerst kleine und dann große Kreise, mit einer angemessenen Geschwindigkeit, nach vorne und danach nach hinten machen	30 Sekunden nach vorne und 30 Sekunden nach hinten Kreisen	zeigen in Richtung der Zehenspitzen. Die Arme sind möglichst gestreckt
Vorbereitung des Herzkreislaufsystems	Side to side, (von rechts nach links)	Abwechselnd das Gewicht auf das rechte und dann auf das linke Bein verlagern	60 Sekunden	Oberkörper und Becken bleibt stabil Kniegelenk des Standbeins bleibt leicht angewinkelt
Kurze Entspannung und Auflockerung der Muskeln und Gelenke	Übergang in das spezielle Warm-up	Die Arme und Beine kurz ausschütteln und lockern	30 Sekunden	

Spezielles Warm-up: Ca. 4 Minuten

Ziel der Übung	Übungsbezeichnungs/ Name der Übung	Übungsbeschreibung	Belastungsgefüge	Bemerkungen/Hinweise
Aktivierung der Hüfte und Wirbelsäule	Hüftkreisen	Die Hüfte langsam von vorne nach hinten und von rechts nach links bewegen	20 Sekunden (vorne/hinten) 20 Sekunden (rechts/links) 20 Sekunden die Hüfte kreisen	Oberkörper ist aufrecht und stabil

Übergang vom Stand zum Boden auf die Gymnastikmatte: Ca. 30 Sekunden

Ziel der Übung	Übungsbezeichnungs/ Name der Übung	Übungsbeschreibung	Belastungsgefüge	Bemerkungen/Hinweise
Aktivierung der Lendenwirbelsäule	Stärkung der LWS	Rücklage, Beine sind angewinkelt	60 Sekunden	Atmung: Beim Heben einatmen und beim Senken

Ziel der Übung	Übungsbezeichnungs/ Name der Übung	Übungsbeschreibung	Belastungsgefüge	Bemerkungen/Hinweise
		Das Becken wird nach vorne und nach hinten gekippt, der Rücken hebt und senkt sich		ausatmen Bewegungstempo: 2-0-2
Stärkung der Rumpfmuskulatur	Vierfüßlerstand	man stützt sich mit Händen und Knien ab und streckt dann abwechselnd einen Arm und ein Bein aus	60 Sekunden	Bewegungstempo: 2-0-2 Atmung: Beim Strecken ausatmen, beim Beugen einatmen

Hauptteil: Ca. 25 Minuten

Ziel der Übung	Übungsbezeichnungs/ Name der Übung	Übungsbeschreibung	Belastungsgefüge	Bemerkungen/Hinweise
Block A (2 Sätze), Satz 1				
Stärkung der Bauchmuskulatur	Crunches (dynamisch)	Rückenlage, Beine sind angewinkelt. Den Kopf bzw. die Schulterblätter anheben	60 Sekunden	Bewegungstempo: 2-0-2
Stärkung der Rumpfmuskulatur	Frontstütz (statisch)	Der Körper ruht auf den Unterarmen und den Zehenspitzen	60 Sekunden	Falls zu schwer, Alternative: Die Knie auf dem Boden abstellen
Kräftigung der rückseitigen Rumpfmuskulatur	Oberkörperheben aus der Bauchlage (dynamisch)	Die Arme werden in der U-Haltung auf Kopfhöhe fixiert. Nun den Oberkörper mit den Armen anheben und wieder senken	60 Sekunden	Grundspannung in der Rücken- und Gesäßmuskulatur beibehalten
Arme und Beine ausschütteln und lockern (Ca. 30 Sek), dann folgt Block A, Satz 2 (3 Minuten)				
Block B (2 Sätze), Satz 1				
Kräftigung der	Seitstütz (dyna-	Oberkörper ist auf	60 Sekunden	Bewegungstem-

seitlichen Rumpfmuskulatur	misch) Rechte und linke Seite	dem Unterarm abgestützt und der Unterkörper auf den Füßen. Die Beine ausgestreckt, die Hüfte gestreckt und der Blick nach vorne gerichtet. Das Becken anheben und bis kurz vor dem Boden absenken	pro Seite	po: 2-0-2
Zur Kräftigung der Bauchmuskulatur	Beckenanheben in der Rückenlage (dynamisch)	Beine anheben, Kniegelenke sind gebeugt. Schultergürtel ist am Boden fixiert. Nun die Beine Richtung Schultergürtel bewegen und wieder Richtung Boden ablassen	60 Sekunden	Bewegungstempo: 2-0-2
Zur Kräftigung der rückseitigen Muskelgruppen	Beckenanheben zur Schulterbrücke (Statisch)	Beine sind angewinkelt, Füße abgestellt, Arme seitlich neben dem Körper. Becken vom Boden abheben, bis Oberschenkel und Oberkörper eine Linie bilden und nun die Position halten	60 Sekunden	

Arme und Beine ausschütteln und lockern (Ca. 30 Sek), dann folgt Block B, Satz 2 (4 Minuten)

Block C (2 Sätze), Satz 1

Kräftigung der Brustmuskulatur	Liegestütz (dynamisch)	Oberkörper auf den Händen abgestützt, welche	60 Sekunden	Bewegungstempo: 2-0-2 Alternative: Lie-

Ziel der Übung	Übungsbezeichnung	Übungsbeschreibung	Belastungsgefüge	Bemerkungen/Hinweise
		unterhalb der Schulter stehen und Beine sind gestreckt. Nun Ellenbogengelenke beugen bis der Körper zu vor dem Boden ist, dann wieder strecken.		gestützt auf den Knien
Zur Kräftigung der unteren Rumpfmuskulatur	Wirbelsäulen-Rotation im Kniestand Rechte und linke Seite (statisch)	Oberkörper 30-45° nach vorne gebeugt Hände sind im Nacken gefaltet und die Ellenbogen zeigen nach außen. Nun bis zur maximalen Endposition rotieren und halten	60 Sekunden pro Seite	Rücken gerade lassen
Zur Kräftigung der Wirbelsäulenlateralflexoren	Wirbelsäulen-Lateralflexion in Bauchlage (dynamisch)	Die Füße sind aufgestellt, die Hände im Nacken gefaltet und der Oberkörper leicht angehoben. Nun eine Wirbelsäulenlateralflexion abwechselnd (rechts/links) durchführen	60 Sekunden	Bewegungstempo: 2-0-2
Arme und Beine ausschütteln und lockern (Ca. 30 Sek), dann folgt Block C, Satz 2 (4 Minuten)			

Schlussteil: Ca. 10 Minuten
Cool-down I (Stand): Ca. 4 Minuten

Ziel der Übung	Übungsbezeichnung/ Name der Übung	Übungsbeschreibung	Belastungsgefüge	Bemerkungen/Hinweise
Dehnung der	Dehnung der	Der Kopf wird zur	45 Sekunden	Der Blick ist nach

Nackenmuskulatur	Nackenmuskulatur im Stand (statisch)	Seite geneigt und die gegenüberliegende Schulter wird aktiv Richtung Boden gezogen	pro Seite	vorne ausgerichtet
Dehnung der seitlichen Rumpfmuskulatur	Dehnung der seitlichen Rumpfmuskulatur im Seitgrätschstand (statisch)	Arme maximal über dem Körper abgespreizt. Oberkörper wird über die Beckenachse leicht zur Seite geneigt	45 Sekunden pro Seite	Brustkorb bleibt aufgerichtet

Übergang vom Stand zum Boden auf die Gymnastikmatte: Ca. 30 Sekunden

Cool-down II (Boden): Ca. 4 Minuten

Dehnung der Rückenstrecker	Dehnung der Rückenstrecker im Vierfüßlerstand (statisch)	Bauchmuskeln werden aktiv angespannt und die Wirbelsäule wird nach oben gewölbt	45 Sekunden	Das Ein- und Ausatmen beachten bzw. fortführen
Dehnung der seitlichen Rumpfmuskulatur	Dehnung der seitlichen Rumpfmuskulatur in Rückenlage (Dreh-Dehn-Lagerung) (statisch)	Beine werden angewinkelt und die Arme 90° vom Körper abgespreizt. Die Beine werden nacheinander auf den Boden abgelegt	45 Sekunden	Schultergürtel liegt komplett auf dem Boden
Entspannung der Teilnehmer	Entspannungsübung in Rückenlage	Die Kursteilnehmer schließen die Augen und achten nur auf ihre Ein- und Ausatmung zu einer entspannenden Musik	Ca. 2 Minuten	

Übergang vom Boden zum Stand: Ca. 30 Sekunden

Schluss: Ca. 2 Miunten

(Feedback, auf die kommenden Kurseinheiten hinweisen, Verabschiedung)

4.4 Begründung

Anfangs wurde eine allgemeine und spezielle Aufwärmung durchgeführt, um die Teilnehmer zu mobilisieren, die Körperhaltung zu schulen und den Körper allgemein wahrzunehmen. Die Teilnehmer werden dadurch physisch und psychisch auf den bevorstehenden Hauptteil vorbereitet und außerdem wird das Verletzungsrisiko verringert.

Im Hauptteil wird der Fokus auf die Kräftigung der Muskulatur, indem Fall die Rumpfmuskulatur, gelegt, um gegen Schmerzen vorzubeugen und um die Teilnehmer für den Alltag belastbarer zu machen.

Zum Schluss werden durch Dehnungs- und Entspannungsübungen dafür gesorgt, vom Alltag abzuschalten, den Körper zu „Entstressen" und herunterzufahren.

Allgemein werden Übungen im Stand und auf dem Boden ausgeführt um eine Monotonie zu vermeiden und um die Teilnehmer aufmerksam zu halten.

5 Literaturverzeichnis

Prof. Dr. Manfred Reiß, Prof. Dr. Christoph Eifler (2015). Studienbrief Gruppentraining 1, Saarbrücken: Deutsche Hochschule für Prävention und Gesundheitsmanagement

6 Abbildungs- und Tabellenverzeichnis

6.1 Abbildungsverzeichnis

6.2 Tabellenverzeichnis

Tab. 1 Einflussfaktoren auf die Beweglichkeit	S.3
Tab. 2 Inter- und Intramuskuläre Koordination	S.4
Tab.3 Kursplan	S.6
Tab.4 Zielgruppe	S.8
Tab.5 Material	S.8
Tab. 6 Stundenplanung einer 45-minütigen Wirbelsäulengymnastik	S.8

BEI GRIN MACHT SICH IHR WISSEN BEZAHLT

- Wir veröffentlichen Ihre Hausarbeit, Bachelor- und Masterarbeit

- Ihr eigenes eBook und Buch - weltweit in allen wichtigen Shops

- Verdienen Sie an jedem Verkauf

Jetzt bei www.GRIN.com hochladen und kostenlos publizieren